BEI GRIN MACHT SICH IHR
WISSEN BEZAHLT

Neue Absatzmärkte im Ausland erobern. Strategien und Handlungsempfehlung anhand eines Bike Herstellers

GRIN☺

Bibliografische Information der Deutschen Nationalbibliothek:

Die Deutsche Nationalbibliothek verzeichnet diese Publikation in der Deutschen Nationalbibliografie; detaillierte bibliografische Daten sind im Internet über http://dnb.d-nb.de abrufbar.

ISBN: 9783346456496
Dieses Buch ist auch als E-Book erhältlich.

© GRIN Publishing GmbH
Nymphenburger Straße 86
80636 München

Druck und Bindung: Books on Demand GmbH, Norderstedt Germany
Gedruckt auf säurefreiem Papier aus verantwortungsvollen Quellen

Das vorliegende Werk wurde sorgfältig erarbeitet. Dennoch übernehmen Autoren und Verlag für die Richtigkeit von Angaben, Hinweisen, Links und Ratschlägen sowie eventuelle Druckfehler keine Haftung.

Das Buch bei GRIN: https://www.grin.com/document/1038560

Einsendeaufgabe

Managementlehre

Alternative B

Abgegeben am: 17.03.2021

SRH Fernhochschule

Modul: Managementlehre

Studiengang: Wirtschaftspsychologie, Leadership & Management (M.Sc.)

Studiengang: Wirtschaftspsychologie, Leadership & Management (M.Sc.)

Inhaltsverzeichnis

Abkürzungsverzeichnis

bzw.   beziehungsweise

evtl.   eventuell

ggf.   gegebenenfalls

S.   Seite

z.B.   zum Beispiel

Abbildungsverzeichnis

Tabellenverzeichnis

Vermerk

In dieser Arbeit wird aus Gründen der besseren Lesbarkeit das generische Maskulinum verwendet. Weibliche und anderweitige Geschlechteridentitäten werden dabei ausdrücklich mitgemeint, soweit es für die Aussage erforderlich ist.

1 Aufgabe A1

Die Auseinandersetzung mit internationalen Märkten ist, durch die immer weiter voranschreitende Globalisierung, zu einem Thema von fundamentaler Bedeutung für Unternehmen geworden. Der damit verbundene Wettbewerb fordert von Unternehmen sich gezielt mit den Möglichkeiten der Entwicklung und Implementierung von Internationalisierungsstrategien auseinanderzusetzen. (Levy et al., 2007, S. 231; Porter, 1990, S. 73). Dabei stellt sich die Frage, wie Unternehmen den grenzüberschreitenden Handel, effektiv und effizient realisieren können. Eines der Hauptprobleme für Unternehmen bei internationalen Tätigkeiten besteht darin richtig, in dem Spannungsfeld zwischen der Integration (die Zentrale länderübergreifende Koordination der wertschöpfenden Tätigkeit eines Unternehmens) und der Responsiveness (an lokale und regionale Unterschiede angepasste wertschöpfende Tätigkeit), zu agieren (Kasper et al., 2009, S. 288). Unternehmen müssen versuchen in diesem Spannungsfeld, durch die richtige Auswahl von Markteintritts- und Bearbeitungsstrategien, zu agieren.

Nachfolgend soll das Unternehmen *Cyclemania* und dessen aktuelle unternehmerische Lage, für beide Aufgabenteile dieser Arbeit, kurz vorgestellt werden. Anschließend soll der Plan von *Cyclemania* neue Absatzmärkte im Ausland zu erobern dargestellt werden. Dies soll inklusive der Darstellung und Abgrenzung verschiedener möglicher Strategien geschehen, wobei das Konzept der *transnationalen Organisation* von Bartlett und Ghoshal zur Anwendung kommt. Abschließend soll eine Handlungsempfehlung der Autorin für *Cyclemania,* inklusive einer Begründung für die Auswahl, dargelegt werden.

1.1 Das Unternehmen *Cyclemania*

Die Firma *Cyclemania* stellt seit 2008 in Hamburg, innovative und qualitativ hochwertige Mountainbikes her. *Cyclemania* ist als innovativer Bike Hersteller mit einem sehr guten Preis-/Leistungsverhältnis bekannt. Als Hauptzielgruppe werden vor allem junge und preisbewusste Biker definiert, welche unter dem Motto „von Bikern für Biker" angesprochen werden. Die Entwicklung und Produktion erfolgen in Hamburg und das Unternehmen bearbeitet aktuell nur den deutschen Markt. Der Vertrieb erfolgt stationär in Hamburg, sowie über einen eigenen Webshop.

Das Unternehmen hat fast 10 Jahre gebraucht, um sich am Markt zu etablieren. Allerdings ist die Umsatz- und Gewinnentwicklung innerhalb der letzten Jahre nachhaltig stabil. Der Fokus lag bisher vollständig auf dem deutschen Markt. Ziel soll aber die Ausweitung der Geschäftsaktivitäten auf Auslandsmärkte sein, um weiterhin Wachstum realisieren zu können. Diese Entwicklung fordert auch der sich intensivierende globale Wettbewerb und ausländische Bike Hersteller, die den deutschen Markt betreten, von *Cyclemania*.

Um neue ausländische Märkte betreten zu können, braucht *Cyclemania* eine Internationalisierungsstrategie. Wobei sich eine Strategie in diesem Kontext als „[…] the determination oft the basic long-term goals of an enterprise, and the adaption of courses of action an the allocation of resources necessary for carrying out these goals" beschreiben lässt (Chandler, 1962, S. 13). Die Grundfrage bei der Implementierung einer neuen Strategie für *Cyclemania* ist, wie das Unternehmen seine grenzüberschreitenden Geschäfte organisieren und strukturieren und gleichzeitig Wettbewerbsvorteile realisieren kann, um möglichst ökonomisch agieren zu können. Um ökonomische Vorteile einer Internationalisierungsstrategie zu realisieren, muss die Strategie daher auch in die betriebswirtschaftlichen Abläufe integriert werden (Dähn, 1996, S. 3), was den Umfang eines solchen Vorhabens verdeutlicht.

Dabei sind international tätige Unternehmen nicht einheitlich in der Literatur definiert. Inzwischen gibt es eine Reihe von Konzepten, die sich in ihren Betrachtungsweisen, beispielsweise durch die Abgrenzung von Strategien und Führungsstilen, unterscheiden. Als Grundlage für diese Arbeit soll folgende Definition zugrunde gelegt werden: Es handelt sich um ein internationales Unternehmen "[...] wenn neben der Inlandstätigkeit Umsatz im Ausland erzielt wird, Mitarbeiter im Ausland beschäftigt werden, Kapital bei ausländischen Kapitalgebern aufgenommen wird oder wenn sich ein Geschäftssitz im Ausland befindet" (Albach, 1981, S. 14).

Wenn es nicht um die *„internationale Organisation"* im Zusammenhang mit dem Modell von Bartlett und Ghoshal geht, soll daher für diese Arbeit, Internationalität als die Aktivitäten eines Unternehmens in verschiedenen Ländern verstanden werden. Um eine Strategie und damit auch eine Beschreibung für die Zielentwicklung von *Cycelmania* zu ermöglichen, soll nachfolgend das Modell der transnationalen Organisation nach Bartlett & Ghoshal dargestellt werden.

1.2 Die transnationale Organisation nach Bartlett & Ghoshal

Eine der Kernfragen für Unternehmen, vor dem Betreten neuer Märkte, ist die Auswahl der richtigen Internationalisierungsstrategie. Für die *Cyclemania* soll dafür auf das Konzept *der transnationalen Organisation* von Bartlett und Ghoshal zurückgegriffen werden. Christopher A. Bartlett (von der Harvard Business School) und Sumatra Ghoshal (von der London Business School) zählen neben Perlmutters *Typologie der internationalen Unternehmung* zu den meistzitierten Autoren im Bereich des Internationalen Managements (Harzing, 2000, S. 102; Kutschker & Schmid, 2011, S. 297).

Die Typologie von Bartlett und Ghoshal beschreibt die strategischen und strukturellen Aspekte von grenzüberschreitender strategischer Ausrichtung, bzw. Tätigkeit, zwischen den vier differenzierten Managementansätzen einer Unternehmung:

- internationale Unternehmung
- multinationale Unternehmung
- globale Unternehmung
- transnationale Unternehmung (Bartlett & Ghoshal, 2002, S. 18)

Dabei gibt die strategische Ausrichtung an, „[…] welche organisationalen Charakteristika und welche mentalen Einstellungen in einer internationalen Unternehmung […]" aktuell besehen oder sich ergeben (sollen) (Kutschker & Schmid, 2011, S. 299). Die nachfolgende Tabelle ermöglicht eine erste Übersicht über die vier Typen von Strategien des Modelles und der jeweiligen Merkmale.

Organisationsmodelle

Merkmale

Das internationale Organisationsmodell	Auslandsgesellschaften (Niederlassungen) sind an die Zentrale angebunden (zentralisierte Entscheidungen und eine formal-administrative Kontrolle) Die Tochtergesellschaften übernehmen Strategien und Wissen von der Muttergesellschaft (einseitige Ströme von Produkten, Know-how etc.) – dadurch erfolgt eine geringe Anpassung an lokale Märkte Vorteil: geringer Aufwand Nachteil: in wenigen Märkten möglich
Das globale Organisationsmodell	Entscheidungen, Verantwortlichkeiten und Assets sind zentralisiert (enge Kontrolle und Standardisierung) Globale Mentalität: Auslandsgesellschaften für die Bearbeitung eines einheitlichen Weltmarktes Einseitige Ströme von Ressourcen, Gütern und Informationen Vorteile: Nutzbarmachung von Skaleneffekten und die dadurch entstehende Kostensenkung Nachteile: Unflexibilität, keine Risikodiversifizierung, Heterogene Kundenpräferenzen von Nöten
Das multinationale Organisationsmodell	Multinationale Mentalität: Auslandsgesellschaften als Portfolio unabhängiger Geschäftseinheiten (um die Unternehmung lokalen Spezifitäten und Gegebenheiten anzupassen – es erfolgt eine gewisse Lokalisierung) Dezentralisierte strategische Entscheidungen, Verantwortlichkeiten und Assets, um eine einfache Finanzkontrolle zu ermöglichen - Vorwiegend nur Finanzströme zwischen der Konzernmutter und den Niederlassungen Vorteil: Ausschöpfung des Marktpotenzial und Lerneffekte durch die die nationalen Märkte Nachteil: Komplexitätskosten
Das transnationale Organisationsmodell	Strategische Entscheidungen sind auf Zentrale und Niederlassungen aufgeteilt (Kombinierung von Lokalisierung und Globalisierung) Gemeinschaftliche Entscheidungsfindung durch komplexe Koordinations- und Kooperationsprozesse (dadurch ist eine enge und komplexe Kontrolle von Nöten) Intensive Ströme von Gütern und Ressourcen zwischen den einzelnen Teileinheiten Vorteil: Standardisierung und die dadurch entstehenden Skaleneffekte und durch die Differenzierung eine Marktnähe und schnelle Reaktionsfähigkeit inkl. einer Risikodifferenzierung Nachteil: Komplexität in der Steuerung

Tabelle 1: Typen und Merkmale der strategischen Ausrichtung

(Quelle: Eigene Darstellung in Anlehnung an Harzing, 1999, S. 37 – 41; Bartlett, 1986, S. 374 – 176; Bartlett & Ghoshal, 2002, S. 57, 58, 60)

Das internationale Organisationsmodell

Das internationale Modell ähnelt in den Grundzügen dem nachfolgend darge-
stellten multinationalen Organisationsmodell, weist aber einen höheren Zentra-
lisierungsgrad auf. Dabei koordiniert die Zentrale die übergreifenden strategischen Entscheidungen, vor allem im Bereich Forschung & Entwicklung und die
daraus resultierenden Produkten. Dies ist vor allem in Branchen gegeben, die
keinen sehr großen lokalen Anpassungsdruck ausgesetzt sind, weil sie ein/-e
universal einsetzbare/-s Produkt / Dienstleistung vertreiben. Bartlett führt hier
als ein Beispiel die Zementindustrie auf (1989, S. 429). Die zentral entwickelten
Produkte werden auf den jeweiligen Markt übertragen ohne das (größere) An-
passungen vorgenommen werden (Bartlett & Ghoshal, 2002, S. 57, 58). Nachfolgend wird das Modell visualisiert dargestellt:

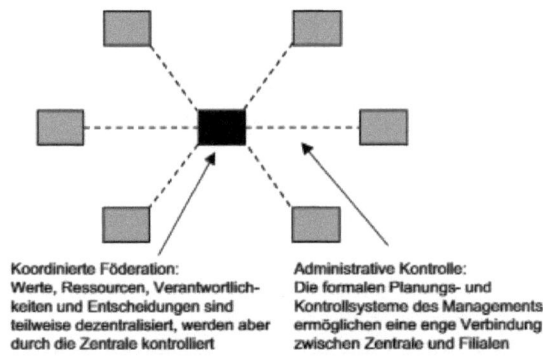

Koordinierte Föderation:
Werte, Ressourcen, Verantwortlichkeiten und Entscheidungen sind
teilweise dezentralisiert, werden aber
durch die Zentrale kontrolliert

Administrative Kontrolle:
Die formalen Planungs- und
Kontrollsysteme des Managements
ermöglichen eine enge Verbindung
zwischen Zentrale und Filialen

Abbildung 1: Das internationale Organisationsmodell
(Quelle: Lucks & Meckl, 2015, S. 240 nach Bartlett & Ghoshal)

Das multinationale Organisationsmodell

Bei diesem Typ stellt die Zentrale eine gleichberechtigte Einheit zu den Auslandsgesellschaften dar. Die jeweiligen Gesellschaften arbeiten dabei, wie die
Heimatmärkte, selbständig und verfügen über weitgehende Entscheidungsau-
tonomie, um erfolgreich im jeweilig spezifischen Markt agieren zu können. Diese Dezentralisierung erlaubt die Anforderung nach lokaler Differenzierung und
Anpassung der verschiedenen Märkte. Dadurch können lokale traditionelle

Kundenpräferenzen durch lokal angepasste Produkte erfüllt werden (Bartlett & Ghoshal, 2002, S. 9, 10). Darüber hinaus charakterisiert dieses Modell, das die Produktion in regionalen (eigenständigen) Betrieben effizienter, als die Nutzung von zentralisierten Produktionsstätten erscheint (Bartlett & Ghoshal, 2002, S. 10). Die Kontrolle durch die Zentrale erfolgt nur auf finanzieller Ebene, ansonsten besteht nur eine informelle Beziehung zwischen Zentrale und Tochtergesellschaften. Ziel ist es eine dominante Position in den einzelnen nationalen Märkten zu erreichen (Bartlett & Ghoshal, 2002, S. 56, 57). Dies entspricht dem Organisationsmodell einer dezentralen Föderation und wäre beispielsweise bei Unternehmen die Markenprodukte vertreiben zu finden (siehe Abbildung 2) (Bartlett, 1989, S. 429; Kutschker & Schmid, 2011, S. 298).

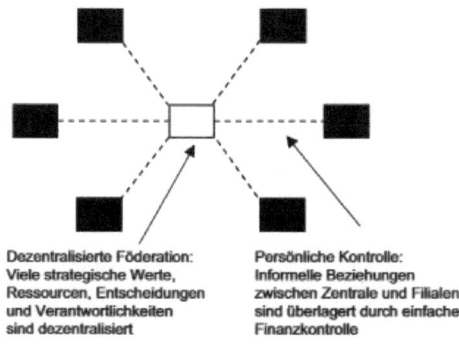

Dezentralisierte Föderation:
Viele strategische Werte,
Ressourcen, Entscheidungen
und Verantwortlichkeiten
sind dezentralisiert

Persönliche Kontrolle:
Informelle Beziehungen
zwischen Zentrale und Filialen
sind überlagert durch einfache
Finanzkontrolle

Abbildung 2: Das multinationale Organisationsmodell
(Quelle: Lucks & Meckl, 2015, S. 240 nach Bartlett & Ghoshal)

Das globale Organisationsmodell

In diesem Typ dominiert die Zentrale dadurch, dass sie alle wesentlichen Entscheidungskompetenzen innehält und für den Weltmarkt die einheitliche Strategie vorgibt. Dabei dienen die Auslandsgesellschaften lediglich als Vertriebskanäle und verfügen nur über operative Entscheidungsbefugnisse, alle Entscheidungskompetenzen liegen weiterhin bei der Zentrale. Dadurch erfolgt auch zentralisiert die Versorgung der Tochtergesellschaften mit Gütern, Ressourcen und Informationen (Bartlett, 1986, S. 30, 31; Bartlett & Ghoshal, 2002, S. 57, 60). Als Beispiel wären hier Unternehmen im Bereich der Unterhaltungselektronik zu nennen (Bartlett, 1989, S. 429). Die Bündelung von zentralen Aktivitäten (zentralisierte Produktionsstätten), ermöglicht es die globalen Effizienzvorteile am besten zu realisieren. Dieser zugunsten, werden mangelnde Anpassung an die lokalen Gegebenheiten eines Marktes und die daraus resultierenden Konsequenzen akzeptiert (Bartlett & Ghoshal, 2002, S. 16).

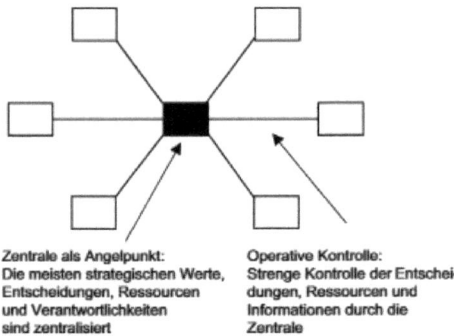

Abbildung 3: Das globale Organisationsmodell
(Quelle: Lucks & Meckl, 2015, S. 240 nach Bartlett & Ghoshal)

Das transnationale Organisationsmodell

Im transnationalen Modell sprechen sich die einzelnen Auslandsgesellschaften selbständig miteinander ab, was einen komplexen Abstimmungsprozess voraussetzt. Dabei ist eine Zentrale, wie in den anderen Organisationsmodellen kaum mehr vorhanden, sondern wird durch eine Art selbstorganisierendes Netzwerk ersetzt, das sich multilateral abstimmt, um sowohl die Integration als auch die optimale Responsiveness auf dem Markt zu erreichen (Bartlett, 1986. S. 374, 375). Die Koordination zwischen den einzelnen Einheiten wird durch die Gleichberechtigungen auf allen Ebenen, auch bei strategischen Entscheidungen, ermöglicht (Meier, 1997, S. 43). Dabei ist es laut diesem Modell möglich, gleichzeitig globale und lokale unternehmerische Faktoren in Kalkulation zueinander zu ziehen, was einen intensiven, wechselseitigen Fluss von allen Ressourcenarten ermöglicht (Bartlett, 1986, S. 374, 378). Die nachfolgende Abbildung visualisiert vor allem im Vergleich zu den vorab gezeigten Abbildungen, die Komplexität des transnationalen Organisationsmodelles.

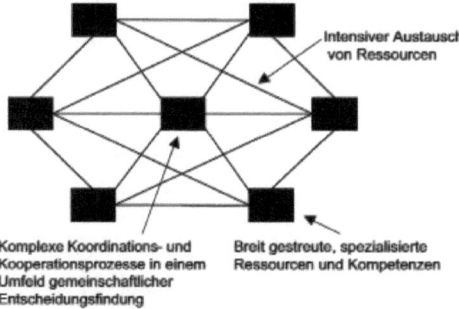

Abbildung 4: Das transnationale Organisationsmodell
(Quelle: Lucks & Meckl, 2015, S. 240 nach Bartlett & Ghoshal)

Das Internationale Organisationsmodell ist in der Unterschiedlichkeit zwischen dem multinationalen und dem globalen Organisationsmodel angesiedelt. Die Strategien lassen sich aber auch nach den Dimensionen von Responsiveness und Integration einteilen, wie die Abbildung 5 verdeutlicht. Locale Responsiveness ist definiert „[...] as the extent to which subsidiaries respond to local differences in customer preferences and is, therefore, an important element of subsidiary strategy/role" (Harzing, 2000, S. 108). Die Integration zeigt auf, wie die unternehmensinterne Abstimmung, die in verschiedenen Ländern verteilten Aktivitäten im Verständnis einer zentralen Koordination der unternehmerischen Tätigkeit, abläuft (Meier, 1997, S. 24).

Integration	Hoch	Global	Transnational
(Vorteile globaler	Niedrig	International	Multinational
Standardisierung)		Niedrig	Hoch
	Responsiveness (Lokale Anpassung)		

Abbildung 5: Dimensionen von Responsiveness und Integration
(Quelle: Bartlett, 1989, S. 427; Harzing, 2000, S. 103)

Wie bereits in der Einleitung erwähnt, müssen Unternehmen im Spannungsfeld zwischen Responsiveness und Integration agieren. Dabei wäre das transnationale Organisationsmodell in der Theorie, sowohl sehr an die lokale Responsiveness als auch an die globale Integration angepasst (Kasper et al., 2009, S. 288, 289). Demnach würde dieses Modell als ideale Wahl für das fiktive Unternehmen *Cyclemania* identifiziert werden, da es zumindest im Modell die perfekte Balance von beiden Extremen darstellt (Bartlett, 1986, S. 374). Hierbei zeigt ich auch, sehr deutlich, die Schwäche des Modells und ähnlicher Ansätze die „[…] für die vielfältigen und komplizierten Probleme simple Patentlösungen anbieten wollen" (Bartlett, 1989, S. 427).

Allerdings muss bei der Auswahl der richtigen Strategie auch auf die verschiedenen Umwelten eines Unternehmens eingegangen werden. Diese beinhalten, unter anderem, den Fokus des Unternehmens und den Einflüssen, die vom Markt zu erwarten sind. Dies würde beispielsweise Fragen zum Produkt und den lokalen Kundenpräferenzen beinhalten. Auf *Cyclemania* bezogen könnte dies beispielsweise eine Auseinandersetzung der Frage bedeuten, ob die Mountainbikes, die aktuell auf dem deutschen Markt vertrieben werden, auch in einem anderen Markt (ein anderes Land oder einer Region) den Kundenpräferenzen genügen und somit ein standardisiertes Produkt darstellen, das kostengünstig und effizient zentralisiert vertrieben werden kann. Oder, ob diese Vereinheitlichung des Angebotes vielleicht in den lokalen Märkten aufgrund von Unterschieden in den Werten, kulturellen oder religiös bedingten Anforderungen oder rechtlichen Vorgaben auf Ablehnung stößt. Die Handlungsempfehlung der Autorin für *Cyclemania* in Bezug auf die Auswahl des Organisationsmodell soll nachfolgend dargestellt werden.

1.3 Handlungsempfehlung für *Cyclemania* in Bezug auf die transnationale Organisation nach Bartlett & Ghoshal

Für *Cyclemania* wäre nach Meinung der Autorin das globale Organisationsmodell am besten geeignet. *Cyclemania* wird, wie beschrieben, weniger zwischen dem Spannungsfeld lokaler Responsiveness (regionale Unterschiede) und globaler Integration agieren müssen, um die wertschöpfende Tätigkeit länderübergreifend koordinieren zu können, wie beim transnationalen Modell und kann trotzdem gezielt die Standardisierungsvorteile ausschöpfen (Kasper et al., 2009, S. 288). Die globale Organisation setzt zwar auf eine mangelnde Anpassung an die lokalen Gegebenheiten des Marktes, erlaubt aber der Zentrale die Kontrolle zu erhalten. Auch wenn das transnationale Organisationsmodell die lokale Anpassungsfähigkeit mit einer globalen Effizienz innerhalb des Unternehmens zu verbinden versucht, so ist, nach Meinung der Autorin, dieses Modell für *Cyclemania* durch die netzwerkartige Strukturierung (noch) zu komplex.

Für das globale Organisationsmodell wurde, wie beschrieben, keine Differenzierung kundenrelevanter Bereiche und eine gewisse Standardisierung kundenferner Bereiche vorgenommen, wie es bei dem multinationalen Organisationsmodell dargestellt ist. Allerdings können die länderspezifischen Auslandsgesellschaften dennoch freier agieren, als bei dem noch mehr zentralisierten internationalen Organisationsmodell. Dies könnte für *Cyclemania* bedeuten, dass sie sich auf die daraus ergebenen Vorteile konzentrieren können. Diese bestehen auf der einen Seite in einer gewissen Standardisierung, wodurch Skaleneffekte genutzt werden können und auf der anderen darin, dass die Differenzierung von kundennahen Bereichen eine gewisse Marktnähe aufweisen, um die Reaktionsfähigkeit auf Veränderungen des Marktes bis zu einem bestimmten Punkt zu gewährleisten. Zwar ist dies um einiges weniger ausgeprägt als beim transnationalen Organisationsmodell, allerdings auch in Bezug auf die Risikodifferenzierung, stellt sich, wie bereits dargestellt, die Frage, ob dies (aktuell) für *Cyclemania* nicht zu komplex ist.

Der Fokus auf eine gewisse Zentralisierung kann *Cyclemania* helfen sich zu stabilisieren und noch fester im deutschen Markt zu etablieren. Auch wenn die Anpassung an die lokalen Märkte gering ist, so sind die Vorteile in der Standardisierung in Form von Skaleneffekten und Kostensenkungen zu finden. Für *Cyclemania* ist allerdings nicht generell eine Aussage auf dieser Basis zu treffen, auch die Wahl der Zielmärkte, in diesem Fall ganze Länder oder Regionen spielt dabei eine nicht zu unterschätzende Rolle. Dies kann allerdings aufgrund des Umfangs in dieser Arbeit keinen Einfluss finden.

2 Aufgabe A2

In diesem Aufgabenteil der Arbeit sollen Möglichkeiten für *Cyclemania,* ausländische Märkte zu betreten und zu bearbeiten, dargestellt werden. Wobei der Fokus auf, die Markteintrittsstrategien eines Joint Venture oder den Exportweg zu gehen, gelegt werden soll. Beide Möglichkeiten sollen dargestellt und es soll dargelegt werden, warum der Exportweg für das Unternehmen *Cyclemania,* nach Meinung der Autorin, (aktuell) die bessere Option darstellt.

2.1 Ausländische Märkte erobern: Joint Venture & Exportweg

Es gibt verschiedene Erscheinungsformen Internationaler Markteintritts- und Marktbearbeitungsstrategien. Zu diesen Strategien zählen unter anderem der Export, Franchising, Joint Ventures oder Akquisitionen (Welge, Al-Laham & Eulerich, 2017, S. 655 – 659). Die nachfolgende Abbildung verdeutlicht die Höhe der zu investierenden Ressourcen im Inland, im Verhältnis zu den zu investierenden Kapital- und Managementleistungen im Gastland.

Abbildung 6: Intensität des Engagements bei unterschiedlichen Markteintrittsformen
(Quelle: Welge, Al-Laham & Eulerich, 2017, S. 655 zitiert nach Meissner und Gerber, 1980, S. 224)

Theoretische Grundlagen: **Joint Venture**

Joint Venture ins Deutsch übersetzt würde so viel wie gemeinschaftliche(-s) Wagnis / Unternehmung bedeuten. Diese Zusammenarbeit erfolgt durch mindestens zwei Unternehmen, wobei ein Gemeinschaftsunternehmen gegründet wird (Welge, Al-Laham & Eulerich, 2017, S. 658). Joint Ventures werden vor allem bei Investitionsvorhaben im Ausland genutzt, indem in aller Regel mit einem Partnerunternehmen aus dem neuen Absatzland eine Geschäftsbeziehung gesucht wird (Huber, 2006, S. 13; Teich & Lungershausen, 1995, S. 126).

Durch die Gründung eines Joint Venture entsteht in aller Regel eine separate Einheit mit eigener Rechtsperson, demnach wird von mindestens zwei unabhängigen Partnern ein neues Unternehmen gegründet. Dabei kommt es zwischen den Teilnehmern des Joint Venture zu gemeinsamem Eigentum, wobei die wechselseitige Beteiligung, sowohl als Geldeinlage, als auch aus Sacheinlagen oder immateriellen Werten bestehen kann. Alle Partner sind am Gewinn und Verlust, der aus der Joint Venture entsteht, beteiligt (Sure, 2017, S. 92, Teich & Lungershausen, 1995, S. 126).

Dabei lassen sich Joint Ventures anhand verschiedener Kriterien unterscheiden. Diese Parameter beinhalten unter anderem die Zahl der Kooperationspartner, den Bereich der Kooperation (z.B. auf die Produktion beschränkte Joint Venture), die Höhe und / oder Unterschiede bei der Kapitalverteilung und den Standort oder den geografischen Kooperationsbereich (Sure, 2017, S. 92). Dabei wird in der Literatur zwischen dem „Contractual Joint Venture" und dem „Equality Joint Venture" unterschieden. Beispielsweise sind bei einer Equality Joint Venture die Kooperationspartner mit gleichen Eigenkapitalanteilen an der Unternehmung beteiligt. Im Regelfall werden die Positionen und die Gewinn- und Verlustbeteiligungen nach den Kapitalanteilen zugeordnet (Berndt, Fantapié Altobelli, Sander, 2010, S. 152). Bei einer „Contractual Joint Venture" wird lediglich ein Kooperationsvertrag geschlossen. Es soll an dieser Stelle, aufgrund des Umfanges, nicht vertiefend auf die genauen Unterscheidungen eingegangen werden.

Zu den Vorteilen und Motiven von Joint Venture zählen unter anderem:

- Das unternehmerische Risiko wird auf zwei oder mehrere Partner verteilt

- Die Möglichkeit Importrestriktionen zu umgehen (administrative Restriktionen und Rechtsvorschriften)
- Der Kapitalbedarf (des einzelnen Unternehmens) wird durch die Kooperation reduziert
- Marktkenntnisse des/der Partnerunternehmen/-s können genutzt werden
- Zusammenfassung von Spezialisten, Know-how, Kapital und / oder Rohstoffen, um größere Kapazitäten zu schaffen und Synergieeffekte zu nutzen (Albaum, Strandskov & Duerr, 2001, S. 339, 340; Berndt, Fantapié Altobelli, Sander, 2010, S. 152; Ferring, 2001, S. 187)

Zu den Nachteilen bzw. Problemen eines Joint Ventures zählen unter anderem:

- Großer Koordinationsaufwand bei Entscheidungen
- Probleme bei der Absprache ggf. Rechtsstreitigkeiten (falsche Partnerwahl)
- eine gewisse Abhängigkeit vom Partner und verringerter Handlungsspielraum
- Abwanderung von Know-how (in Form von Mitarbeitern) und die Gefahr, dass der Partner zur Konkurrenz wird (Kutschker & Schmid, 2011, S. 896, 897).

Theoretische Grundlagen: **Exportweg**

Unter Export wird der Absatz von Gütern und Dienstleistungen im Ausland verstanden, wodurch eine gewisse Distanz zum Auslandsmarkt bestehen bleibt. Die Risiken des Markteintrittes sind im Vergleich zu anderen Strategien gering. Darüber hinaus sind die nötigen Investitionen niedrig und der Markt-Ein- und Austritt vergleichsweise einfach (Pezoldt, 2006, S.114, 155). Das Kapital und die Managementleistungen verbleiben dabei zu 100% im Inland (siehe auch Abbildung 6). Dies beinhaltet auch eine geringe Ressourcenbindung, was dadurch gegeben ist, dass keine Investitionen im Gastland getätigt werden. Ein Nachteil liegt in der Konfrontation mit Außenhandelsbarrieren (Welge, Al-Laham & Eulerich, 2017, S. 655).

Es wird zwischen indirektem und direktem Export unterschieden. Der indirekte Export erfolgt über Vertriebspartner, der direkte Transport stellt eine direkte Geschäftsbeziehung zu den ausländischen Geschäftspartnern dar (Welge, Al-Laham & Eulerich, 2017, S. 655). Zu den Vorteilen des indirekten Exportes zählt, dass keine größeren Investitionen getätigt werden müssen (auch nicht im Mitarbeiterbereich) und es somit die kostengünstigste Markteintrittsstrategie darstellt. Der Export kann kurzfristig eingestellt werden und das Unternehmen trägt kein Wechselkursrisiko. Der Partner ist dabei meist spezialisiert und kennt die Marktanforderungen. Bei komplexen Produkten und Dienstleistungen ist dieser Weg allerdings oftmals schwierig, da keine direkte Beziehung zum Kunden besteht. (Welge, Al-Laham & Eulerich, 2017, S. 656). Der direkte Export soll im Zusammenhang mit der Handlungsempfehlung näher dargestellt werden.

2.2 Handlungsempfehlung für *Cyclemania*

Kooperationen zwischen Unternehmen, um Märkte effizienter zu erreichen und Ressourcen zu sparen sind ein fester Bestandteil von vielen unternehmerischen Zielen. Strategische Kooperationen, wie Joint Venture, bieten in aller Regel Qualitäts-, Kosten- und / oder Zeitvorteile und bieten damit Zugang zu neuem Know-How und können den Zugang zu neuen Märkten erleichtern oder erst ermöglichen. Die Autorin ist allerdings der Ansicht, dass *Cyclemania* im ersten Schritt den direkten Exportweg wählen sollte. Auch wenn beispielsweise eine Joint Venture für *Cyclemania* einen Zugang zu neuen Märkten erleichtern könnte, so bietet auch der Exportweg verschiedene Vorteile:

- *Cyclemania* hat durch die Wahl des direkten Exportweges die Möglichkeit den Absatz gezielt und stärker zu steuern, als beispielsweise beim indirekten Export. Das Unternehmen kann so aktiv den Export gestalten und beeinflussen. Die Risiken sind relativ gering und das Unternehmen kann vergleichsweise (im Vergleich zu kapitalintensiveren Strategien) einfach aus dem Markt wieder austreten.

- Da kein Vertriebspartner zwischengeschaltet ist, kann das Potenzial eines Gewinnes voll ausgeschöpft werden.

- Durch den direkten Kontakt mit dem Absatzmarkt kann *Cyclemania* Erfahrungen mit diesem sammeln, was bei einer evtl. nötigen Änderung der Marktbearbeitungsstrategie unterstützen kann.
- Das Produkt (Mountainbikes) von *Cyclemania* kann bequem auch über das Internet vertrieben werden, dadurch ist evtl. auch keine Niederlassung im Absatzland von Nöten, was zu einer Kostenersparnis beitragen kann (Meffert, Burmann & Becker, 2010, S. 179; Welge, Al-Laham & Eulerich, 2017, S. 656)

Für *Cyclemania* kann der Export ein erster Schritt in die Erkundung des neuen Marktes sein, ob es langfristig die geeignetste Strategie ist, muss immer wieder neu evaluiert werden. Wie jede andere hat auch der direkte Export Nachteile:

- Durch den Export fehlen die direkte Kundenbeziehungen vor Ort (gerade bei Mountainbikes, die gerne von möglichen Kunden getestet, angepasst oder ggf. Reparaturbedarf aufweisen, kann dies ein Problem darstellen).
- *Cyclemania* kann durch die Entfernung ggf. zu langsam auf neue Marktanforderungen reagieren.
- Ohne eine feste Präsenz, kann es zu Akzeptanzproblemen der Kunden auf dem Absatzmarkt kommen
- *Cyclemania* muss in eine Exportabteilung investieren, um diesen abwickeln zu können (was allerdings im Vergleich zu anderen Markteintrittswegen mit geringeren Kosten verbunden ist) (Welge, Al-Laham & Eulerich, 2017, S. 656).

Für *Cyclemania,* die sich erst seit kurzer Zeit erfolgreich im deutschen Markt etablieren konnte, würde der Exportweg eine, einfach und finanziell vergleichsweise, günstige Möglichkeit darstellen neue Märkte zu betreten. Außerdem könnte das Unternehmen dadurch erste Erfahrungen im neuen Markt sammeln und die Strategie zu einem späteren Zeitpunkt, durch gesammeltes Know-How anpassen, oder, wenn ein Markt wenig erfolgsversprechend ist, einfach wieder verlassen (Ferring, 2001, S. 177; Welge, Al-Laham & Eulerich, 2017, S. 656).

3 Verbindendes Fazit für beide Aufgaben

Wie vorab in dieser Arbeit dargestellt, gibt es verschiedene Möglichkeiten für *Cyclemania* neue Märkte zu betreten. In dieser Arbeit wurde auf Grundlage der gegebenen Fakten für *Cyclemania* jeweils eine Entscheidung für die beiden Fragestellungen getroffen und begründet. Das Unternehmen muss allerdings mehr als nur eine kurzfristige Strategieentscheidung treffen. Es bedarf auch einer Auseinandersetzung über die zukünftige Ausrichtung des Unternehmens. Es ist dabei nötig, die oben begründete Wahl des globalen Organisationsmodels oder des Exportweges als langfristige unternehmerisch beste Wahl, immer wieder auf die Probe zu stellen.

Im relativ jungen Unternehmen *Cyclemania* werden sich auch im Zeitverlauf Prozesse und Produkte verändern, was wiederum eine Reflektion der gewählten Strategie bzw. des gewählten Weges diesen Markt / Märkte zu bearbeiten fordern wird. Dies beinhaltet auch eine regelmäßige Auseinandersetzung mit den Markteintritts- und Marktbearbeitungsstrategien, die dynamisch den Verhältnissen des jeweiligen Marktes angepasst werden sollten (Quack, 1995, S. 107).

Darüber hinaus muss sich *Cyclemania* noch mit weiteren Aspekten bei der Expansion in ausländische Märkte auseinandersetzen. Beispielsweise wäre eine Analyse des gewählten Marktes von Nöten, um über genügend Kenntnisse zu verfügen, um mit landesspezifischen Gegebenheiten, Wettbewerbern, Marktdynamiken und Eintrittsbarrieren erfolgreich umzugehen. Eine grundlegende Frage ist allerdings, ob *Cyclemania* am heimischen Markt genug etabliert ist und bereit für diesen Schritt ist. All dies erfordert weitere Auseinandersetzungen mit der Thematik und zeigt, dass sich die Frage, nach der einer ausgereiften Strategie und dem einen besten Markteintrittsweg, nicht so einfach beantworten lässt.

Literaturverzeichnis

Albach, H. (1981). Die internationale Unternehmung als Gegenstand betriebswirtschaftlicher Forschung. In: *Zeitschrift für Betriebswirtschaft*, 51. Jg. 1981, H. 1, S. 13 - 24.

Albaum, G.; Strandskov, J. & Duerr, E. (2001). *Internationales Marketing und Exportmanagement.* (3. Aufl.). München: Pearson Studium.

Bartlett, C. A. (1986). Building and Managing the Transnational: The new organizational challenge. In: Porter, M. E. (Hrsg.). *Competition in Global Industries* (S. 367 – 401). Boston (MA): Harvard Business School Press.

Bartlett, C. A. (1989). Aufbau und Management der transnationalen Unternehmung – Die neue organisationale Herausforderung. In: M. E. Porter (Hrsg.). *Globaler Wettbewerb – Strategien der neuen Internationalisierung.* (S. 425 – 464). Wiesbaden: Springer Gabler.

Bartlett, C. A. & Ghoshal, S. (2002). *Managing Across Borders: The transnational solution* (2. Aufl.). Cambridge (MA): Harvard Business School Press.

Berndt, R.; Fantapié Altobelli, C. & Sander, M. (2010). *Internationales Marketing Management.* (4. Aufl.). Heidelberg: Springer Gabler.

Chandler, A. D. (1962). *Strategy and structure: Chapters in the history of the American industrial enterprise* (1. Aufl.). Cambridge (MA): MIT Press.

Dähn, M. (1996). *Wettbewerbsvorteile internationaler Unternehmen: Analyse – Kritik* (Dissertation). Universität Bamberg: Bamberg.

Ferring, N. (2001). *Marktbearbeitungsstrategien international tätiger Handels-Unternehmen.* Wiesbaden: Springer Gabler.

Harzing, A. K. (1999). *Managing the multinationals. An international study of control mechanisms. Cheltenham UK, Northampton MA USA* (Edward Elgar): New Horizons in International Business.

Harzing, A. K. (2000). An Empirical Analysis and Extension of the Bartlett and Ghoshal Typology of Multinational Companies. In: *Journal of International Business Studies.* 31; 1; S. 101 – 120.

Huber, A. (2006). *Marketing.* (2. Aufl.). München: Vahlen.

Kasper, H.; Lehrer, M.; Mühlbacher, J. & Müller, B. (2009). Integration-Responsiveness and Knowledge-Management Perspectives on the MNC: A Typology and Field Study of Cross-Site Knowledge-Sharing Practices. In: *Journal of Leadership & Organizational Studies.* 15; 3; S. 287 – 303.

Kutschker, M. & Schmid, S. (2011). *Internationales Management.* München, Oldenbourg Wissenschaftsverlag.

Levy, O.; Beechler, S.; Taylor, S. & Boyacigiller, N. A. (2007). What We Talk about When We Talk about 'Global Mindset': Managerial Cognition in Multinational Corporations. In: *Journal of International Business Studies.* 38; 2; S. 231 – 258.

Lucks, K. & Meckl, R. (2015). *Internationale Mergers & Acquisitions. Der prozessorientierte Ansatz.* (2., überarb. Aufl.). Berlin, Heidelberg: Springer Verlag.

Meffert, H.; Burmann, C. & Becker, C. (2010). *Internationales Marketing-Management: Ein marktorientierter Ansatz.* (4. Aufl.). Stuttgart: Kohlhammer.

Meier, A. (1997). *Das Konzept der transnationalen Organisation – Kritische Reflexion eines prominenten Konzeptes für die Führung international tätiger Unternehmen.* (1. Aufl.). München: Verlag Barbara Kirsch

Pezoldt, K. (2006). *Internationales Marketingmanagement im Osten Europas: Ein theoriegeleitetes Modell zur Ableitung praxisinduzierter Konzepte für die Erschließung von Transformationsmärkten.* Berlin: Logos.

Porter, M. E. (1990). The competitive advantage of nations. In: *Harvard Business Review.* 68; 2; S. 73 – 93.

Quack, H. (1995). *Internationales Marketing: Entwicklung einer Konzeption mit Praxisbeispielen.* München: Vahlen.

Sure, M. (2017). *Internationales Management. Grundlagen, Strategien und Konzepte.* Wiesbaden. Springer Gabler.

Teich, U. & Lungershausen, D. (1995). Key Points in Articles of Association und Joint-Venture-Verträgen. In: Chung, T. & Siever, H. (Herg). *Joint Venture im chinesischen Kulturkreis.* (S. 125 – 133). Wiesbaden: Gabler.

Welge, M. K.; Al-Laham, A. & Eulerich, M. (2017). *Strategisches Management. Grundlagen – Prozess – Implementierung.* (7. überarb. und aktl. Aufl.). Wiesbaden: Springer Gabler.